petits pratiques
cuisine

CW01663968

Yaourts

Philippe Mérel

Photographies : Valéry Guédès
Stylisme : Natacha Arnoult

Avec la collaboration de alsa

hachette
PRATIQUE

Sommaire

Signification des symboles

★ très facile
★★ facile
★★★ difficile

€ bon marché
€€ raisonnable
€€€ cher

Principe et fabrication du yaourt

Principe

Le yaourt résulte de la fermentation du lactose contenu dans le lait par deux variétés de bactéries : Streptococcus thermophilus et Lactobacillus bulgaricus. Celles-ci transforment le lactose du lait en glucose, en galactose et en acide lactique.

Les divers laits

Les yaourts peuvent être réalisés à partir de lait d'origine animale (vache, chèvre ou brebis) ou à partir de lait d'origine végétale comme le lait de soja.

Les ferments

2 solutions s'offrent à vous pour initier la fermentation :
• L'ajout de ferments lyophilisés en sachets à diluer dans le lait. Nous recommandons l'utilisation des ferments lactiques Alsa : Mon Yaourt Maison, Mon Bifidus Maison, Mon Yaourt Maison Onctueux (présents au rayon Desserts Alsa en grandes surfaces).
• L'ajout de yaourt nature (à base de lait de vache, de chèvre ou de brebis) à délayer dans le lait. Comptez 1 yaourt de 125 g par litre de lait (2 yaourts si la consistance vous semble trop liquide).

Réalisation

Vous pouvez suivre 3 méthodes pour réaliser vos yaourts :
• Dans une yaourtière, c'est la méthode la plus simple. Une yaourtière est une sorte d'incubateur qui maintiendra le lait à la température optimale (40 à 42 °C), pendant le temps de la fermentation.

• Au four, la méthode est plus compliquée. Préchauffez le four à 50 °C (th. 2). Éteignez-le, enfournez vos pots et laissez reposer plusieurs heures.

• À l'autocuiseur. Versez 3 cm d'eau dans votre autocuiseur, fermez et mettez en pression. Retirez alors du feu, laissez échapper la vapeur, ouvrez l'autocuiseur et ôtez toute l'eau. Disposez les pots au fond de l'autocuiseur, remettez le couvercle sans le fermer et laissez reposer toute la nuit.

Dans ce livre, les recettes sont préparées avec une yaourtière.

Le résultat

La consistance des yaourts va dépendre de 4 paramètres :

- Du lait utilisé : les yaourts à base de lait animal entier seront plus fermes.
- Du type de ferments (yaourt ou ferments lyophilisés) et de la quantité utilisée.
- Du temps de fermentation : plus il est long, plus les yaourts sont fermes.
- De la méthode utilisée pour la réalisation : yaourtière, four ou autocuiseur.

À l'aide de ce livre, donnez libre cours à votre créativité et partagez en famille les joies de la réalisation et de la dégustation de yaourts faits maison.

Yaourt au chocolat

Pour **8 à 10 yaourts** | Préparation **15 minutes** | Cuisson **5 minutes**
Fermentation **8 à 9 heures** | Réfrigération **Quelques heures**
Difficulté ★ | Coût €

- 1 l de lait demi-écrémé
- 1 sachet de ferments lactiques ou 1 yaourt nature
- 200 g de chocolat noir
- 100 g de sucre en poudre
- 2 cuil. à soupe de lait en poudre

1 Versez le lait dans une casserole. Ajoutez le sucre et le lait en poudre, puis le chocolat cassé en morceaux. Mélangez à l'aide d'un fouet, puis portez doucement à ébullition en remuant régulièrement jusqu'à ce que le chocolat soit complètement fondu. Retirez du feu et laissez refroidir.

2 Dans un saladier, versez le sachet de ferments lactiques ou le yaourt. Ajoutez un peu de lait chocolaté. Délayez bien dans le lait à l'aide du fouet. Versez le reste du lait et mélangez bien.

3 Répartissez la préparation dans les pots. Placez-les dans la yaourtière. Fermez cette dernière et laissez prendre pendant 8 à 9 h.

4 Couvrez les yaourts et placez-les au réfrigérateur pour quelques heures.

Variantes Vous pouvez remplacer le chocolat noir par du cacao amer en poudre cu bien, si vous réalisez cette recette pour vos enfants, par du cacao en poudre sucré pour le petit déjeuner.

Yaourt au chocolat blanc

Pour **8 à 10 yaourts** | Préparation **15 minutes** | Cuisson **5 minutes**
Fermentation **8 à 9 heures** | Réfrigération **Quelques heures**
Difficulté ★ | Coût €

- 1 l de lait demi-écrémé
- 1 sachet de ferments lactiques ou 1 yaourt nature
- 300 g de chocolat blanc
- 100 g de sucre en poudre
- 2 cuil. à soupe de lait en poudre

1 Versez le lait dans une casserole. Ajoutez le sucre et le lait en poudre. Ajoutez le chocolat cassé en morceaux. Mélangez à l'aide d'un fouet, puis portez doucement à ébullition en remuant régulièrement jusqu'à ce que le chocolat soit complètement fondu. Retirez du feu et laissez refroidir.

2 Dans un saladier, versez le sachet de ferments lactiques ou le yaourt. Versez un peu de lait chocolaté. Délayez bien dans le lait à l'aide du fouet. Versez le reste du lait et mélangez bien.

3 Répartissez la préparation dans les pots. Placez-les dans la yaourtière. Fermez cette dernière et laissez prendre pendant 8 à 9 h.

4 Couvrez les yaourts et placez-les au réfrigérateur pour quelques heures.

Yaourt caramel au beurre salé

Pour **8 à 10 yaourts** | Préparation **15 minutes** | Cuisson **15 minutes**
Fermentation **8 à 9 heures** | Réfrigération **Quelques heures**
Difficulté ★ | Coût €

Pour le caramel

- 8 cl de crème fleurette
- 35 g de beurre salé
- 90 g de sucre en poudre
- 40 g de sirop de glucose
- 1 pincée de fleur de sel

Pour les yaourts

- 1 l de lait demi-écrémé
- 1 sachet de ferments lactiques ou 1 yaourt nature
- 2 cuil. à soupe de lait en poudre

1 Dans une casserole à fond épais, mettez le sirop de glucose, le sucre en poudre et 1 cuil. à soupe d'eau. Faites cuire jusqu'à obtenir un caramel blond. Pendant ce temps, faites tiédir la crème à feu doux. Lorsque le caramel est blond, ajoutez-y un tiers du beurre et mélangez bien. Ajoutez petit à petit la crème tiède, puis le reste du beurre et la fleur de sel. Diluez le caramel avec le lait. Ajoutez le lait en poudre et portez doucement à ébullition en remuant régulièrement. Retirez du feu et laissez refroidir.

2 Dans un saladier, versez le sachet de ferments lactiques ou le yaourt. Versez un peu de lait au caramel. Délayez bien dans le lait à l'aide d'un fouet. Ajoutez le reste du lait et mélangez bien.

3 Répartissez la préparation dans les pots. Placez-les dans la yaourtière. Fermez cette dernière et laissez prendre pendant 8 à 9 h.

4 Couvrez les yaourts et placez-les au réfrigérateur pour quelques heures.

Variantes Vous pouvez remplacer le caramel fait maison par 150 à 200 g de caramel au beurre salé prêt à tartiner que vous trouverez facilement dans votre supermarché et le sirop de glucose par la même quantité de miel d'acacia.

Yaourt au café

Pour **8 à 10 yaourts** | Préparation **15 minutes** | Cuisson **5 minutes**
Fermentation **8 à 9 heures** | Réfrigération **Quelques heures**
Difficulté ★ | Coût €

- 1 l de lait demi-écrémé
- 1 sachet de ferments lactiques ou 1 yaourt nature
- 2 cuil. à café d'extrait de café liquide
- 100 à 150 g de sucre en poudre
- 2 cuil. à soupe de lait en poudre

1 Versez le lait dans une casserole. Ajoutez le sucre, le lait en poudre et l'extrait de café. Mélangez à l'aide d'un fouet, puis portez doucement à ébullition. Retirez du feu et laissez refroidir.

2 Dans un saladier, versez le sachet de ferments lactiques ou le yaourt. Versez un peu de lait au café. Délayez bien dans le lait à l'aide du fouet. Versez le reste du lait et mélangez bien.

3 Répartissez la préparation dans les pots. Mettez-les dans la yaourtière. Fermez cette dernière et laissez prendre pendant 8 à 9 h.

4 Couvrez les yaourts et placez-les au réfrigérateur pour quelques heures.

Variante Vous pouvez remplacer l'extrait de café liquide par du café soluble, éventuellement décaféiné si ces yaourts sont pour vos enfants.

Yaourt au thé à la menthe

Pour **8 à 10 yaourts** | Préparation **15 minutes** | Cuisson **5 minutes**
Fermentation **8 à 9 heures** | Réfrigération **Quelques heures**
Difficulté ★ | Coût €

- 1 l de lait demi-écrémé
- 1 sachet de ferments lactiques ou 1 yaourt nature
- 20 feuilles de menthe fraîche
- 1 cuil. à soupe de thé vert type Gunpowder
- 150 g de sucre en poudre
- 2 cuil. à soupe de lait en poudre

1 Versez le lait dans une casserole. Ajoutez le sucre, le lait en poudre, le thé et la menthe. Mélangez, puis portez doucement à ébullition. Retirez du feu, couvrez et laissez refroidir. Filtrez le lait.

2 Dans un saladier, versez le sachet de ferments lactiques ou le yaourt. Versez un peu de lait parfumé. Délayez bien dans le lait à l'aide d'un fouet. Versez le reste du lait et mélangez bien.

3 Répartissez la préparation dans les pots. Placez-les dans la yaourtière. Fermez cette dernière et laissez prendre pendant 8 à 9 h.

4 Couvrez les yaourts et placez-les au réfrigérateur pour quelques heures.

Yaourt praliné

Pour **8 à 10 yaourts** | Préparation **15 minutes** | Cuisson **5 minutes**
Fermentation **8 à 9 heures** | Réfrigération **Quelques heures**
Difficulté ★ | Coût €€

- 1 l de lait demi-écrémé
- 1 sachet de ferments lactiques ou 1 yaourt nature
- 100 g de pâte de pralin
- 100 g de sucre en poudre
- 2 cuil. à soupe de lait en poudre

1 Versez le lait dans une casserole. Ajoutez le sucre, le lait en poudre et le pralin. Mélangez à l'aide d'un fouet, puis portez à ébullition. Retirez du feu et laissez refroidir.

2 Dans un saladier, versez le sachet de ferments lactiques ou le yaourt. Ajoutez un peu de lait praliné. Délayez bien dans le lait à l'aide du fouet. Versez le reste du lait et mélangez bien.

3 Répartissez la préparation dans les pots. Placez-les dans la yaourtière. Fermez cette dernière et laissez prendre pendant 8 à 9 h.

4 Couvrez les yaourts et placez-les au réfrigérateur pour quelques heures.

Conseil Vous trouverez de la pâte de pralin dans les magasins spécialisés en produits pour pâtisserie ou chez votre boulanger.

Variantes Vous pouvez également remplacer la pâte de pralin par du pralin en poudre, par de la pâte à tartiner à la noisette ou par du chocolat praliné (type gianduja).

Yaourt citron et gingembre

Pour **8 à 10 yaourts** | Préparation **20 minutes** | Cuisson **5 minutes**
Fermentation **8 à 9 heures** | Réfrigération **Quelques heures**
Difficulté ★ | Coût €

- 1 l de lait demi-écrémé
- 1 sachet de ferments lactiques ou 1 yaourt nature
- 1 citron jaune non traité
- 5 cm de racine de gingembre frais
- 100 g de sucre en poudre
- 2 cuil. à soupe de lait en poudre

1 Lavez et brossez le citron. Prélevez-en le zeste. Épluchez le gingembre et hachez-le finement. Versez le lait dans une casserole. Ajoutez le sucre, le lait en poudre, le zeste de citron et le gingembre. Mélangez, puis portez doucement à ébullition. Retirez du feu, couvrez et laissez refroidir. Filtrez le lait.

2 Dans un saladier, versez le sachet de ferments lactiques ou le yaourt. Versez un peu de lait parfumé. Délayez bien dans le lait à l'aide d'un fouet. Versez le reste du lait et mélangez bien.

3 Répartissez la préparation dans les pots. Placez-les dans la yaourtière. Fermez cette dernière et laissez prendre pendant 8 à 9 h.

4 Couvrez les yaourts et placez-les au réfrigérateur pour quelques heures.

Yaourt à la pistache

Pour **8 à 10 yaourts** | Préparation **15 minutes** | Cuisson **5 minutes**
Fermentation **8 à 9 heures** | Réfrigération **Quelques heures**
Difficulté ★ | Coût €€

- 1 l de lait demi-écrémé
- 1 cuil. à soupe de pâte de pistaches
- 1 sachet de ferments lactiques ou 1 yaourt nature
- 100 g de sucre en poudre
- 2 cuil. à soupe de lait en poudre

1 Versez le lait dans une casserole. Ajoutez le sucre, le lait en poudre et la pâte de pistaches. Mélangez à l'aide d'un fouet, puis portez à ébullition. Retirez du feu et laissez refroidir.

2 Dans un saladier, versez le sachet de ferments lactiques ou le yaourt. Versez un peu de lait à la pistache. Délayez bien dans le lait à l'aide du fouet. Versez le reste du lait et mélangez bien.

3 Répartissez la préparation dans les pots. Mettez-les dans la yaourtière. Fermez cette dernière et laissez prendre pendant 8 à 9 h.

4 Couvrez les yaourts et placez-les au réfrigérateur pour quelques heures.

Conseil Vous trouverez de la pâte de pistaches dans les magasins spécialisés en produits pour pâtisserie ou chez votre boulanger.

Variante Vous pouvez remplacer la pâte de pistaches par de l'extrait liquide de pistache et colorer alors vos yaourts avec quelques gouttes de colorant vert.

Yaourt à la vanille

Pour **8 à 10 yaourts** | Préparation **15 minutes** | Cuisson **5 minutes**
Fermentation **8 à 9 heures** | Réfrigération **Quelques heures**
Difficulté ★ | Coût €

- 1 l de lait demi-écrémé
- 1 sachet de ferments lactiques ou 1 yaourt nature
- 1 gousse de vanille
- 100 g de sucre en poudre
- 2 cuil. à soupe de lait en poudre

1 Versez le lait dans une casserole. Ajoutez le sucre et le lait en poudre. Fendez la gousse de vanille dans le sens de la longueur. Grattez les graines avec la pointe d'un couteau. Mettez la gousse et les graines dans le lait. Mélangez à l'aide d'un fouet, puis portez le tout à ébullition. Retirez du feu, couvrez et laissez refroidir. Filtrez le lait au travers d'une passoire.

2 Dans un saladier, versez le sachet de ferments lactiques ou le yaourt. Ajoutez un peu de lait vanillé. Délayez bien dans le lait à l'aide du fouet. Versez le reste du lait et mélangez bien.

3 Répartissez la préparation dans les pots. Placez-les dans la yaourtière. Fermez cette dernière et laissez prendre pendant 8 à 9 h.

4 Couvrez les yaourts et placez-les au réfrigérateur pour quelques heures.

Variantes Vous pouvez remplacer la gousse de vanille par de l'extrait de vanille liquide ou des gousses de vanille pulvérisées.

Yaourt sur confiture d'oranges amères

Pour **8 à 10 yaourts** | Préparation **15 minutes** | Cuisson **5 minutes**
Fermentation **8 à 9 heures** | Réfrigération **Quelques heures**
Difficulté ★ | Coût €

- 1 l de lait demi-écrémé
- 1 sachet de ferments lactiques ou 1 yaourt nature
- 1 orange non traitée
- 250 g de confiture d'oranges amères
- 2 cuil. à soupe de lait en poudre

1 Lavez l'orange, séchez-la et prélevez le zeste. Versez le lait dans une casserole. Ajoutez le lait en poudre, le zeste d'orange et mélangez à l'aide d'un fouet, puis portez doucement à ébullition. Retirez du feu, couvrez et laissez refroidir. Filtrez le lait au travers d'une passoire.

2 Dans un saladier, versez le sachet de ferments lactiques ou le yaourt. Versez un peu de lait parfumé. Délayez bien dans le lait à l'aide du fouet. Ajoutez le reste du lait et mélangez bien.

3 Répartissez la confiture d'oranges amères sur 1 cm au fond des pots. Tassez bien. Remplissez les pots avec la préparation lactée. Placez-les dans la yaourtière. Fermez cette dernière et laissez prendre pendant 8 à 9 h.

4 Couvrez les yaourts et placez-les au réfrigérateur pour quelques heures.

Yaourt sur lemon curd

Pour **8 à 10 yaourts** | Préparation **15 minutes** | Cuisson **5 minutes**
Fermentation **8 à 9 heures** | Réfrigération **Quelques heures**
Difficulté ★ | Coût €

- 1 l de lait demi-écrémé
- 1 sachet de ferments lactiques ou 1 yaourt nature
- 250 g de lemon curd
- 2 cuil. à soupe de lait en poudre

1 Versez le lait dans une casserole. Ajoutez le lait en poudre et mélangez avec un fouet, puis portez doucement à ébullition. Retirez du feu, couvrez et laissez refroidir.

2 Dans un saladier, versez le sachet de ferments lactiques ou le yaourt. Versez un peu de lait. Délayez bien dans le lait à l'aide du fouet. Versez le reste du lait et mélangez bien. Répartissez le lemon curd sur 1 cm au fond des pots. Tassez bien. Remplissez les pots avec la préparation lactée. Placez-les dans la yaourtière. Fermez cette dernière et laissez prendre pendant 8 à 9 h.

3 Couvrez les yaourts et placez-les au réfrigérateur pour quelques heures.

Conseil Vous trouverez assez facilement du lemon curd, cette crème citronnée typiquement anglaise, au rayon confitures ou produits exotiques de votre supermarché ou, à défaut, dans les épiceries fines.

Yaourt à la cannelle sur gelée de coing

Pour **8 à 10 yaourts** | Préparation **15 minutes** | Cuisson **5 minutes**
Fermentation **8 à 9 heures** | Réfrigération **Quelques heures**
Difficulté ★ | Coût €

- 1 l de lait demi-écrémé
- 1 sachet de ferments lactiques ou 1 yaourt nature
- 250 g de gelée de coing
- 1 bâton de cannelle
- 2 cuil. à soupe de lait en poudre

1 Versez le lait dans une casserole. Ajoutez le lait en poudre, le bâton de cannelle et mélangez avec un fouet, puis portez doucement à ébullition. Retirez du feu, couvrez d'une assiette et laissez refroidir. Filtrez le lait au travers d'une passoire.

2 Dans un saladier, versez le sachet de ferments lactiques ou le yaourt. Versez un peu de lait parfumé. Délayez bien dans le lait à l'aide du fouet. Versez le reste du lait et mélangez bien.

3 Répartissez la gelée de coing sur 1 cm au fond des pots. Tassez bien. Remplissez les pots avec la préparation lactée. Placez-les dans la yaourtière. Fermez cette dernière et laissez prendre pendant 8 à 9 h.

4 Couvrez les yaourts et placez-les au réfrigérateur pour quelques heures.

Yaourt à la rose sur confiture de framboises

Pour **8 à 10 yaourts** | Préparation **15 minutes** | Cuisson **5 minutes**
Fermentation **8 à 9 heures** | Réfrigération **Quelques heures**
Difficulté ★ | Coût €

- 1 l de lait demi-écrémé
- 1 sachet de ferments lactiques ou 1 yaourt nature
- 250 g de confiture de framboises
- 2 cuil. à café d'eau de rose
- 2 cuil. à soupe de lait en poudre

1 Versez le lait dans une casserole. Ajoutez le lait en poudre, l'eau de rose et mélangez à l'aide d'un fouet, puis portez doucement à ébullition. Retirez du feu, couvrez et laissez refroidir.

2 Dans un saladier, versez le sachet de ferments lactiques ou le yaourt. Versez un peu de lait parfumé. Délayez bien dans le lait à l'aide du fouet. Versez le reste du lait et mélangez bien. Répartissez la confiture de framboises sur 1 cm au fond des pots. Tassez bien. Remplissez les pots avec la préparation lactée. Placez les pots dans la yaourtière. Fermez cette dernière et laissez prendre 8 à 9 h.

3 Couvrez les yaourts et placez-les au réfrigérateur pour quelques heures.

Variante Vous pouvez ajouter quelques gouttes de colorant alimentaire rouge à la préparation lactée pour donner à vos yaourts une belle couleur rose.

Yaourt vanillé sur crème de marron

Pour **8 à 10 yaourts** | Préparation **15 minutes** | Cuisson **5 minutes**
Fermentation **8 à 9 heures** | Réfrigération **Quelques heures**
Difficulté ★ | Coût €

- 1 l de lait demi-écrémé
- 1 sachet de ferments lactiques ou 1 yaourt nature
- 1 gousse de vanille
- 250 g de crème de marron
- 2 cuil. à soupe de lait en poudre
- 50 g de marrons glacés (pour servir)

1 Versez le lait dans une casserole. Ajoutez le lait en poudre. Fendez la gousse de vanille dans le sens de la longueur. Grattez les graines avec la pointe d'un couteau. Mettez la gousse et les graines dans le lait. Mélangez à l'aide d'un fouet, puis portez le tout à ébullition. Retirez du feu, couvrez et laissez refroidir. Filtrez le lait au travers d'une passoire.

2 Dans un saladier, versez le sachet de ferments lactiques ou le yaourt. Ajoutez un peu de lait vanillé. Délayez bien dans le lait à l'aide du fouet. Versez le reste du lait et mélangez bien.

3 Répartissez la crème de marron sur 1 cm au fond des pots. Tassez bien. Remplissez les pots avec la préparation lactée. Placez-les dans la yaourtière. Fermez cette dernière et laissez prendre pendant 8 à 9 h.

4 Couvrez les yaourts et placez-les au réfrigérateur pour quelques heures.

5 Concassez grossièrement les marrons glacés. Au moment de servir, parsemez la surface des yaourts avec les éclats de marrons et dégustez.

Variantes Vous pouvez remplacer la gousse de vanille par de l'extrait de vanille liquide ou des gousses de vanille pulvérisées.

Yaourt sur confiture de cerises

Pour **8 à 10 yaourts** | Préparation **15 minutes** | Cuisson **5 minutes**
Fermentation **8 à 9 heures** | Réfrigération **Quelques heures**
Difficulté ★ | Coût €

- 1 l de lait demi-écrémé
- 1 sachet de ferments lactiques ou 1 yaourt nature
- 250 g de confiture de cerises
- 2 cuil. à soupe de lait en poudre

1 Versez le lait dans une casserole. Ajoutez le lait en poudre et mélangez à l'aide d'un fouet, puis portez doucement à ébullition. Retirez du feu, couvrez et laissez refroidir.

2 Dans un saladier, versez le sachet de ferments lactiques ou le yaourt. Ajoutez un peu de lait. Délayez bien dans le lait à l'aide du fouet. Versez le reste du lait et mélangez bien.

3 Répartissez la confiture de cerises sur 1 cm au fond des pots. Tassez bien. Remplissez les pots avec la préparation lactée. Placez-les dans la yaourtière. Couvrez et laissez prendre pendant 8 à 9 h.

4 Couvrez les yaourts et placez-les au réfrigérateur pour quelques heures.

Conseil Vous pouvez ajouter à la préparation lactée refroidie quelques gouttes d'extrait d'amande amère. La saveur de l'amande relèvera agréablement le goût des cerises.

Yaourt sur confiture de tomates vertes

Pour **8 à 10 yaourts** | Préparation **1 heure** | Cuisson **20 minutes**
Fermentation **8 à 9 heures** | Réfrigération **Quelques heures**
Difficulté ★★ | Coût €€

Pour la confiture de tomates vertes

- 500 g de tomates vertes
- 1 citron jaune non traité
- 150 g de cassonade
- 10 g de Vitpris (Alsa)

Pour les yaourts

- 1 sachet de ferments lactiques ou 1 yaourt nature
- 1 l de lait de chèvre

1 Préparez la confiture de tomates : entaillez les tomates en croix et plongez-les quelques secondes dans de l'eau bouillante. Rafraîchissez-les sous l'eau froide. Pelez-les et épépinez-les. Pesez 250 g de chair de tomates.

2 Coupez le citron entier en fines lamelles. Ajoutez le citron aux tomates avec la cassonade et le Vitpris. Portez doucement à ébullition. Laissez cuire pendant 20 min, en remuant et en écumant régulièrement. Versez dans un bol, laissez refroidir, puis réservez au réfrigérateur.

3 Préparez les yaourts : dans un saladier, versez le sachet de ferments lactiques ou le yaourt. Versez un peu de lait. Délayez bien dans le lait à l'aide d'un fouet. Ajoutez le reste du lait et mélangez bien.

4 Répartissez la confiture sur 1 cm au fond des pots. Tassez bien. Remplissez les pots avec le mélange lacté. Placez-les dans la yaourtière. Fermez cette dernière et laissez prendre pendant 8 à 9 h.

5 Couvrez les yaourts et placez-les au réfrigérateur pour quelques heures.

Variante Vous trouverez sur les étals du marché des tomates de toutes les couleurs (jaunes, vertes, oranges, rouges…) alors n'hésitez pas à réaliser cette recette avec des tomates de différentes couleurs.

Yaourt sur compotée de figues

Pour **8 à 10 yaourts** | Préparation **30 minutes** | Cuisson **20 minutes**
Fermentation **8 à 9 heures** | Réfrigération **Quelques heures**
Difficulté ★ | Coût €

- 1 l de lait demi-écrémé
- 1 sachet de ferments lactiques ou 1 yaourt nature
- 500 g de figues
- 150 g de sucre
- 2 cuil. à soupe de lait en poudre

1 Versez le lait dans une casserole. Ajoutez le lait en poudre et mélangez à l'aide d'un fouet, puis portez doucement à ébullition. Retirez du feu, couvrez et laissez refroidir.

2 Lavez les figues. Coupez-les en quatre et mettez-les dans une casserole. Ajoutez le sucre et faites compoter les figues pendant une quinzaine de minutes. Réservez et laissez refroidir.

3 Dans un saladier, versez le sachet de ferments lactiques ou le yaourt. Versez un peu de lait. Délayez bien dans le lait à l'aide du fouet. Versez le reste du lait et mélangez bien. Répartissez la compotée de figues sur 1 cm au fond des pots. Tassez bien. Remplissez les pots avec la préparation lactée. Placez-les dans la yaourtière. Fermez cette dernière et laissez prendre pendant 8 à 9 h.

4 Couvrez les yaourts et placez-les au réfrigérateur pour quelques heures.

Variante Vous pouvez remplacer le sucre en poudre par 100 g de miel.

Yaourt safran-cardamome sur confiture de reines-claudes

Pour **8 à 10 yaourts** | Préparation **15 minutes** | Cuisson **5 minutes**
Fermentation **8 à 9 heures** | Réfrigération **Quelques heures**
Difficulté ★ | Coût €

- 1 l de lait demi-écrémé
- 1 sachet de ferments lactiques ou 1 yaourt nature
- 250 g de confiture de reines-claudes
- 10 filaments de safran
- 10 graines de cardamome verte
- 2 cuil. à soupe de lait en poudre

1 Versez le lait dans une casserole. Ajoutez le lait en poudre, les filaments de safran et les graines de cardamome préalablement écrasées avec le dos d'une grande cuillère. Mélangez avec un fouet, puis portez doucement à ébullition. Retirez du feu, couvrez et laissez refroidir. Filtrez le lait au travers d'une passoire.

2 Dans un saladier, versez le sachet de ferments lactiques ou le yaourt. Versez un peu de lait safrané. Délayez bien dans le lait à l'aide du fouet. Versez le reste du lait et mélangez bien. Répartissez la confiture de reines-claudes sur 1 cm au fond des pots. Tassez bien. Remplissez les pots avec la préparation lactée. Placez-les dans la yaourtière. Fermez cette dernière et laissez prendre pendant 8 à 9 h.

3 Couvrez les yaourts et placez-les au réfrigérateur pour quelques heures.

Yaourt sur confiture de roses

Pour **8 à 10 yaourts** | Préparation **20 minutes** | Cuisson **15 minutes**
Fermentation **8 à 9 heures** | Réfrigération **Quelques heures**
Difficulté ★ | Coût €

- 1 l de lait demi-écrémé
- 1 sachet de ferments lactiques ou 1 yaourt nature
- 250 g de confiture de roses
- 50 g d'amandes effilées
- 2 cuil. à soupe de lait en poudre

1 Préchauffez le four à 180 °C (th. 6). Répartissez les amandes sur une plaque à pâtisserie et enfournez-la pour 7 à 8 min. Les amandes doivent être colorées mais pas brûlées. Réservez.

2 Versez le lait dans une casserole. Ajoutez le lait en poudre, mélangez avec un fouet, puis portez doucement à ébullition. Retirez du feu, couvrez d'une assiette et laissez refroidir.

3 Dans un saladier, versez le sachet de ferments lactiques ou le yaourt. Versez un peu de lait. Délayez bien dans le lait à l'aide du fouet. Versez le reste du lait et mélangez bien.

4 Répartissez la confiture de roses sur 1 cm au fond des pots. Tassez bien. Remplissez les pots avec la préparation lactée. Placez-les dans la yaourtière. Fermez cette dernière et laissez prendre pendant 8 à 9 h.

5 Couvrez les yaourts et placez-les au réfrigérateur pour quelques heures.

6 Au moment de servir, parsemez le dessus de vos yaourts avec un peu d'amandes grillées et dégustez.

Yaourt à la lavande sur confiture d'abricots

Pour **8 à 10 yaourts** | Préparation **15 minutes** | Cuisson **5 minutes**
Fermentation **8 à 9 heures** | Réfrigération **Quelques heures**
Difficulté ★ | Coût €

- 1 l de lait demi-écrémé
- 1 sachet de ferments lactiques ou 1 yaourt nature
- 2 cuil. à soupe de fleurs de lavande
- 250 g de confiture d'abricots
- 2 cuil. à soupe de lait en poudre

1 Versez le lait dans une casserole. Ajoutez le lait en poudre, les fleurs de lavande et mélangez à l'aide d'un fouet, puis portez doucement à ébullition. Retirez du feu, couvrez et laissez refroidir. Filtrez le lait au travers d'une passoire.

2 Dans un saladier, versez le sachet de ferments lactiques ou le yaourt. Ajoutez un peu de lait parfumé. Délayez bien dans le lait à l'aide du fouet. Versez le reste du lait et mélangez bien. Répartissez la confiture d'abricots sur 1 cm au fond des pots. Tassez bien. Remplissez les pots avec la préparation lactée. Placez-les dans la yaourtière. Fermez cette dernière et laissez prendre pendant 8 à 9 h.

3 Couvrez les yaourts et placez-les au réfrigérateur pour quelques heures.

Yaourt feta et confiture d'oranges

Pour **8 à 10 yaourts** | Préparation **20 minutes** | Cuisson **5 minutes**
Fermentation **8 à 9 heures** | Réfrigération **Quelques heures**
Difficulté ★ | Coût €

- 1 l de lait demi-écrémé
- 1 sachet de ferments lactiques ou 1 yaourt nature
- 150 g de feta
- 250 g de confiture d'oranges
- 2 cuil. à soupe de lait en poudre

1 Versez le lait dans une casserole, ajoutez le lait en poudre, mélangez et portez doucement à ébullition. Retirez du feu, couvrez et laissez refroidir.

2 Dans un saladier, versez le sachet de ferments lactiques ou le yaourt. Versez un peu de lait. Délayez bien dans le lait à l'aide d'un fouet. Versez le reste du lait et mélangez bien.

3 Dans un bol, écrasez la feta à l'aide d'une fourchette. Répartissez la feta dans le fond des pots. Tassez bien et couvrez avec la confiture d'oranges. Versez ensuite la préparation lactée. Placez les pots dans la yaourtière. Fermez cette dernière et laissez prendre pendant 8 à 9 h.

4 Couvrez les yaourts et placez-les au réfrigérateur pour quelques heures.

Conseil Mélangez bien vos yaourts avant de les déguster.

Yaourt vanille et compotée rhubarbe-fraise

Pour **8 à 10 yaourts** | Préparation **15 minutes + 15 minutes** | Cuisson **25 minutes**
Fermentation **8 à 9 heures** | Réfrigération **Quelques heures**
Difficulté ★ | Coût €

Pour les yaourts
- 1 l de lait demi-écrémé
- 1 sachet de ferments lactiques ou 1 yaourt nature
- 1 gousse de vanille
- 100 g de sucre en poudre
- 2 cuil. à soupe de lait en poudre

Pour la compotée
- 500 g de rhubarbe
- 100 g de fraises
- 100 g de sucre en poudre

1 Préparez le yaourt. Versez le lait dans une casserole. Ajoutez le sucre et le lait en poudre. Fendez la gousse de vanille dans le sens de la longueur. Grattez les graines de vanille avec la pointe d'un couteau. Mettez la gousse et les graines dans le lait. Mélangez à l'aide d'un fouet, puis portez le tout à ébullition. Retirez du feu, couvrez d'une assiette et laissez refroidir.

2 Filtrez le lait au travers d'une passoire. Dans un saladier, versez le sachet de ferments lactiques ou le yaourt. Ajoutez un peu de lait vanillé. Délayez bien dans le lait à l'aide du fouet. Versez le reste du lait et mélangez bien. Remplissez les pots aux trois quarts, placez-les dans la yaourtière, fermez et laissez prendre pendant 8 à 9 h. Couvrez les yaourts et placez-les au réfrigérateur pour quelques heures.

3 Préparez la compotée. Épluchez les tiges de rhubarbe et coupez-les en tronçons de 2 cm de long. Lavez les fraises et équeutez-les. Dans une casserole, placez le sucre en poudre avec 1 cuil. à soupe d'eau. Faites cuire le sucre jusqu'à obtenir un caramel blond. Ajoutez alors la rhubarbe et mélangez. Faites fondre la rhubarbe une dizaine de minutes avant d'ajouter les fraises coupées en deux. Laissez cuire encore 5 min, retirez du feu et laissez tiédir.

4 Remplissez les pots de yaourt à la vanille avec la compotée tiède de rhubarbe à la fraise et servez sans attendre.

Yaourt à la betterave et caramel balsamique

Pour **8 à 10 yaourts** | Préparation **30 minutes** | Cuisson **5 minutes**
Fermentation **8 à 9 heures** | Réfrigération **Quelques heures**
Difficulté ★★ | Coût €€

Pour les yaourts

- 1 l de lait de chèvre ou de brebis
- 1 sachet de ferments lactiques ou 1 yaourt nature
- 200 g de betterave crue
- 100 g de sucre en poudre
- 20 g de pousses de poireau ou d'alfafa (luzerne), pour servir

Pour le caramel balsamique

- 50 g de sucre en poudre
- 150 cl de vinaigre balsamique

1 Préparez le caramel. Dans une casserole, mettez le sucre en poudre et le vinaigre balsamique. Portez doucement à ébullition et faites réduire de moitié. Retirez alors du feu et réservez.

2 Râpez la betterave crue. Versez le lait dans une casserole, ajoutez la betterave et le sucre. Mélangez et portez doucement à ébullition. Retirez du feu, couvrez et laissez refroidir. Filtrez le lait au travers d'une passoire.

3 Dans un saladier, versez le sachet de ferments lactiques ou le yaourt. Versez un peu de lait à la betterave. Délayez bien dans le lait à l'aide d'un fouet. Versez le reste du lait et mélangez bien. Remplissez les pots avec la préparation lactée. Placez-les dans la yaourtière, fermez et laissez prendre pendant 8 à 9 h.

4 Couvrez les yaourts et placez-les au réfrigérateur pour quelques heures.

5 Au moment de servir, répartissez le caramel balsamique à la surface de vos yaourts, décorez-les d'un peu de pousses de poireau ou d'alfafa et servez sans attendre.

Conseil Vous étonnerez et ravirez vos convives avec la couleur et la saveur incomparable de ces yaourts. Proposez-les tels quels en entrée ou alors en dessert, sans les pousses de poireau ou d'alfafa.

Yaourt noix de coco-curry

Pour **8 à 10 yaourts** | Préparation **30 minutes** | Cuisson **5 minutes**
Fermentation **8 à 9 heures** | Réfrigération **Quelques heures**
Difficulté ★ | Coût €€

- 1 l de lait demi-écrémé
- 1 sachet de ferments lactiques ou 1 yaourt nature
- 1/2 cuil. à café d'essence de noix de coco
- 50 g de noix de coco râpée
- 100 g de cacahuètes salées
- 1 cuil. à café de curry en poudre
- 2 cuil. à soupe de lait en poudre

1 Versez le lait dans une casserole. Ajoutez la noix de coco, le curry et le lait en poudre. Mélangez à l'aide d'un fouet, puis portez le tout à ébullition. Retirez du feu, couvrez et laissez refroidir. Parfumez le lait avec l'essence de noix de coco.

2 Dans un saladier, versez le sachet de ferments lactiques ou le yaourt. Versez un peu de lait parfumé. Délayez bien dans le lait à l'aide du fouet. Versez le reste du lait et mélangez bien. Remplissez les pots, placez-les dans la yaourtière, fermez et laissez prendre pendant 8 à 9 h.

3 Couvrez les yaourts et placez-les au réfrigérateur pour quelques heures.

4 Au moment de servir, répartissez les cacahuètes grossièrement concassées à la surface de vos yaourts.

Conseils N'hésitez pas à utiliser ces yaourts comme une sauce au curry froide dont les parfums se marieront très bien avec du poulet par exemple. Vous pouvez aussi les utiliser comme sauce dans laquelle vous tremperez des bâtonnets de carotte et/ou de céleri, pour l'apéritif.

Yaourt noix de coco et ananas caramélisé

Pour **8 à 10 yaourts** | Préparation **30 minutes + 30 minutes**
Cuisson **5 minutes + 20 minutes** | Fermentation **8 à 9 heures**
Réfrigération **Quelques heures**
Difficulté ★ | Coût €€

Pour les yaourts

- 1 l de lait demi-écrémé
- 1 sachet de ferments lactiques ou 1 yaourt nature
- 100 g de sucre en poudre
- 2 cuil. à soupe de lait en poudre
- 50 g de noix de coco râpée
- 1/2 cuil. à café d'essence de noix de coco

Pour l'ananas caramélisé

- 1 petit ananas
- 100 g de sucre en poudre

1 Préparez les yaourts. Versez le lait dans une casserole. Ajoutez le sucre, le lait en poudre et la noix de coco râpée. Mélangez à l'aide d'un fouet, puis portez le tout à ébullition. Retirez du feu, couvrez et laissez refroidir. Parfumez le lait avec l'essence de noix de coco.

2 Dans un saladier, versez le sachet de ferments lactiques ou le yaourt. Versez un peu de lait parfumé. Délayez bien dans le lait à l'aide du fouet. Ajoutez le reste du lait et mélangez bien. Remplissez les pots aux trois quarts, placez-les dans la yaourtière, fermez et laissez prendre pendant 8 à 9 h. Couvrez les yaourts et placez-les au réfrigérateur pour quelques heures.

3 Préparez l'ananas caramélisé. À l'aide d'un couteau, ôtez l'écorce de l'ananas. Coupez-le en quatre et retirez le cœur. Coupez les quartiers en morceaux. Dans une casserole, versez le sucre en poudre et 1 cuil. à soupe d'eau. Faites cuire le sucre jusqu'à obtenir un caramel blond. Ajoutez l'ananas et mélangez. Faites-le cuire dans le caramel 10 min, puis retirez du feu et laissez tiédir.

4 Remplissez les pots contenant du yaourt à la noix de coco avec l'ananas tiède et servez sans attendre.

Yaourt nature et gelée de persil plat

Pour **8 à 10 yaourts** | Préparation **30 minutes** | Cuisson **10 minutes**
Fermentation **8 à 9 heures** | Réfrigération **1 heure + quelques heures**
Difficulté ★★ | Coût €

Pour les yaourts
- 1 l de lait de chèvre ou de brebis
- 1 sachet de ferments lactiques ou 1 yaourt nature

Pour la gelée de persil
- 1 bouquet de persil plat
- 1 à 2 g d'agar-agar

Matériel
- Mixeur

1 Lavez le persil plat et effeuillez-le. Réservez quelques pluches de persil pour décorer les yaourts. Dans une casserole, mettez 20 cl d'eau et les feuilles de persil plat. Portez à ébullition puis, hors du feu, mixez dans la casserole. Couvrez et laissez refroidir. Filtrez à l'aide d'une passoire fine. Pesez l'eau et ajoutez 1 g d'agar-agar pour 100 g d'eau. Portez à ébullition et laissez fondre l'agar-agar à feu doux pendant 2 min. Coulez alors la gelée de persil au fond des pots, laissez refroidir et réfrigérez pendant 1 h.

2 Dans un saladier, versez le sachet de ferments lactiques ou le yaourt. Versez un peu de lait. Délayez bien dans le lait à l'aide d'un fouet. Versez le reste du lait et mélangez bien. Coulez la préparation lactée sur la gelée de persil plat. Placez les pots dans la yaourtière. Fermez cette dernière et laissez prendre pendant 8 à 9 h.

3 Couvrez les yaourts et placez-les au réfrigérateur pour quelques heures.

4 Au moment de servir, décorez de pluches de persil.

Conseils Vous pouvez servir ces yaourts en dessert en ajoutant du sucre en poudre ; avec un peu de sel et un tour de moulin à poivre, ils se dégustent comme un fromage frais.

Yaourt au Bounty

Pour **8 à 10 yaourts** | Préparation **15 minutes** | Cuisson **5 minutes**
Fermentation **8 à 9 heures** | Réfrigération **Quelques heures**
Difficulté ★ | Coût €

- 1 l de lait demi-écrémé
- 1 sachet de ferments lactiques ou 1 yaourt nature
- 10 mini-Bounty
- 50 g de sucre en poudre
- 2 cuil. à soupe de lait en poudre

1 Versez le lait dans une casserole. Ajoutez les Bounty, le sucre et le lait en poudre. Portez doucement à ébullition en mélangeant régulièrement. Retirez du feu, couvrez et laissez refroidir.

2 Dans un saladier, versez le sachet de ferments lactiques ou le yaourt. Versez un peu de lait parfumé. Délayez bien dans le lait à l'aide d'un fouet. Versez le reste du lait et mélangez bien. Répartissez la préparation dans les pots. Placez-les dans la yaourtière, fermez et laissez prendre pendant 8 à 9 h.

3 Couvrez les yaourts et placez-les au réfrigérateur pour quelques heures.

Variante Vous pouvez séparer les cœurs à la noix de coco des Bounty du chocolat qui les recouvre. Réalisez alors la recette en n'ajoutant dans le lait que les cœurs à la noix de coco. Lorsque vos yaourts sont pris et bien froids, faites fondre doucement le chocolat et coulez-le sur le dessus de vos yaourts. Vous pourrez alors les servir immédiatement avec le chocolat fondant à la surface ou les placer au réfrigérateur afin d'obtenir un chocolat craquant.

Yaourt au Carambar

Pour **8 à 10 yaourts** | Préparation **15 minutes** | Cuisson **5 minutes**
Fermentation **8 à 9 heures** | Réfrigération **Quelques heures**
Difficulté ★ | Coût €

- 1 l de lait demi-écrémé
- 1 sachet de ferments lactiques ou 1 yaourt nature
- 20 bâtons de Carambar
- 100 g de sucre en poudre
- 2 cuil. à soupe de lait en poudre

1 Versez le lait dans une casserole. Ajoutez les Carambar, le sucre et le lait en poudre. Portez doucement à ébullition en mélangeant régulièrement. Retirez du feu, couvrez et laissez refroidir.

2 Dans un saladier, versez le sachet de ferments lactiques ou le yaourt. Versez un peu de lait parfumé. Délayez bien dans le lait à l'aide d'un fouet. Ajoutez le reste du lait et mélangez bien. Répartissez la préparation dans les pots. Placez-les dans la yaourtière, fermez et laissez prendre pendant 8 à 9 h.

3 Couvrez les yaourts et placez-les au réfrigérateur pour quelques heures.

Yaourt vanille et fraises épicées

Pour **8 à 10 yaourts** | Préparation **30 minutes** | Cuisson **5 minutes**
Fermentation **8 à 9 heures** | Réfrigération **Quelques heures**
Difficulté ★ | Coût €

Pour les yaourts

- 1 l de lait demi-écrémé
- 1 sachet de ferments lactiques ou 1 yaourt nature
- 1 gousse de vanille
- 50 g de sucre en poudre (facultatif)
- 2 cuil. à soupe de lait en poudre

Pour les fraises épicées

- 300 g de fraises
- 50 g de sucre en poudre
- 1/2 cuil. à café de mélange cinq-épices

1 Lavez rapidement les fraises. Égouttez-les et équeutez-les. Coupez-les et disposez-les dans un bol. Saupoudrez-les de sucre et d'épices. Remuez et couvrez le bol d'un film alimentaire puis réservez au réfrigérateur.

2 Versez le lait dans une casserole. Ajoutez le sucre et le lait en poudre. Fendez la gousse de vanille dans le sens de la longueur. Grattez les graines avec la pointe d'un couteau. Mettez la gousse et les graines dans le lait. Mélangez à l'aide d'un fouet, puis portez à ébullition. Retirez du feu, couvrez et laissez refroidir. Filtrez à l'aide d'une passoire.

3 Dans un saladier, versez le sachet de ferments lactiques ou le yaourt. Versez un peu de lait vanillé. Délayez bien dans le lait à l'aide du fouet. Ajoutez le reste du lait et mélangez bien. Remplissez les pots aux deux tiers avec la préparation lactée. Placez-les dans la yaourtière. Fermez cette dernière et laissez prendre pendant 8 à 9 h.

4 Couvrez les yaourts et placez-les au réfrigérateur pour quelques heures.

5 Au moment de servir, répartissez les fraises épicées sur le dessus de vos yaourts et servez sans attendre.

Variantes Réalisez vous-même le mélange d'épices à base de cardamome, cannelle, cumin… N'hésitez pas à ajouter une pointe de piment de Cayenne aux fraises.

L'éditeur remercie Alsa pour sa collaboration
et la mise à disposition de ses ferments lactiques pour la réalisation des recettes.
www.alsa.fr

Pour l'éditeur, le principe est d'utiliser des papiers composés de fibres naturelles, renouvelables, recyclables et fabriquées à partir de bois issus de forêts qui adoptent un système d'aménagement durable. En outre, l'éditeur attend de ses fournisseurs de papier qu'ils s'inscrivent dans une démarche de certification environnementale reconnue.

Ce livre reprend la majorité des recettes du livre *Yaourts*, sorti en mars 2009 chez Hachette Pratique.

Direction : Jean-François Moruzzi
Direction éditoriale : Pierre-Jean Furet
Édition : Anne Vallet
Correction : Charlotte Buch-Müller
Conception intérieure et couverture : Patrice Renard
Réalisation intérieure : MCP
Couverture : Claire Guigal
Fabrication : Amélie Latsch

Responsable Partenariats : Sophie Morier 01 43 92 36 82, smorier@hachette-livre.fr

Dépôt légal : juin 2010
ISBN : 978-2-0162-1198-4
62-1198-1

Imprimé en Slovaquie par Polygraf print